Nos amis LES CHIOTS

Les chiots CANICHE

David et Patricia Armentrout

Un livre de la collection Les jeunes plantes de Crabtree

TABLE DES MATIÈRES

Crabtree Publishing
crabtreebooks.com

Soutien de l'école à la maison pour les parents, les gardiens et les enseignants

Ce livre aide les enfants à se développer grâce à la pratique de la lecture. Voici quelques exemples de questions pour aider le lecteur ou la lectrice à développer ses capacités de compréhension. Les suggestions de réponses sont indiquées en rouge.

Avant la lecture

- De quoi ce livre parle-t-il?
    - *Je pense que ce livre parle des caniches.*
    - *Je pense que ce livre m'aidera à décider si je veux un caniche.*
- Qu'est-ce que je veux apprendre sur ce sujet?
    - *Je veux savoir si les caniches sont de bons animaux de compagnie.*
    - *Je veux savoir si les caniches peuvent nager.*

Pendant la lecture

- Je me demande pourquoi...
    - *Je me demande pourquoi le pelage des caniches est frisé.*
    - *Je me demande pourquoi les caniches aiment jouer à la balle.*
- Qu'est-ce que j'ai appris jusqu'à présent?
    - *J'ai appris que les caniches peuvent être de taille standard ou miniature.*
    - *J'ai appris que les caniches sont adroits.*

Après la lecture

- Nomme quelques détails que tu as retenus.
    - *J'ai appris que les caniches peuvent apprendre des tours et des jeux.*
    - *J'ai appris que les caniches peuvent être de différentes couleurs et grandeurs.*
- Lis le livre à nouveau et cherche les mots de vocabulaire.
    - *Je vois le mot **adroits** à la page 10 et le mot **miniatures** à la page 18. Les autres mots du glossaire se trouvent aux pages 22 et 23.*

Les chiots caniche

Le **pelage** des chiots caniche est doux et frisé.

Les mamans ont habituellement trois à sept chiots par **portée**.

La maman caniche lèche le pelage de son chiot pour le laver.

Le pelage des chiots devient épais et frisé vers 12 mois.

Les caniches sont **adroits.**

Ils apprennent rapidement les tours et les jeux.

La plupart des caniches aiment nager et **rapporter** les balles ou les bâtons.

Les chiens de **race** caniche peuvent être de différentes couleurs et grandeurs.

Il y a des caniches standard et des caniches **miniatures**.

Caniche standard
Caniche miniature

Les caniches adorent faire de l'exercice et être avec les gens.

Glossaire

adroits (a-droa) : Adroit signifie être capable d'apprendre et de faire des choses facilement.

miniatures (mi-nia-tur) : Miniature signifie plus petit qu'à l'habitude.

pelage (pe-laj) : Le pelage d'un chien est sa fourrure.

portée (por-té) : Une portée est un groupe de chiots ou d'autres animaux nés en même temps d'une même mère.

race (rass) : Une race est un type d'animal.

rapporter (ra-por-té) : Rapporter signifie trouver et ramener des choses.

Index

À propos des auteurs

David et Patricia Armentrout

David et Patricia passent le plus de temps possible à jouer avec leurs trois chiens Gimli, Artie et Scarlet, et à prendre soin d'eux.

Sites Web

Les sites Web sont en anglais seulement.

www.akc.org/dog-breeds/best-dogs-for-kids
www.goodhousekeeping.com/life/pets/g5138/best-family-dogs

Crabtree Publishing

crabtreebooks.com 800-387-7650

Imprimé au Canada/032024/CP20240229

Catalogage avant publication de Bibliothèque et Archives Canada
Titre: Les chiots caniche / David et Patricia Armentrout ; texte français d'Annie Eveарts.
Autres titres: Poodle puppies. Français.
Noms: Armentrout, David, auteur. | Armentrout, Patricia, auteur.
Description: Mention de collection: Nos amis les chiots | Les jeunes plantes de Crabtree | Traduction de : Poodle puppies. | Comprend un index.
Identifiants: Canadiana (livre imprimé) 20210279591 | Canadiana (livre numérique) 20210279710 | ISBN 9781039609044 (couverture souple) | ISBN 9781039609105 (HTML) | ISBN 9781039609167 (EPUB)
Vedettes-matière: RVM: Caniches—Ouvrages pour la jeunesse. | RVM: Chiots—Ouvrages pour la jeunesse. | RVMGF: Documents pour la jeunesse.
Classification: LCC SF429.P85 A7614 2022 | CDD j636.72/8—dc23

Publié au Canada
Crabtree Publishing
616 Welland Avenue
St. Catharines, Ontario
L2M 5V6

Publié aux États-Unis
Crabtree Publishing
347 Fifth Avenue
Suite 1402-145
New York, NY 10016

Paperback 978-1-0396-0904-4
Ebook (pdf) 978-1-0396-0910-5
Epub 978-1-0396-0916-7
Read-along 978-1-0398-0454-8
Audio book 978-1-0396-6733-4

Auteurs : David et Patricia Armentrout
Conception : Jennifer Dydyk
Révision : Kelli Hicks
Correctrice : Crystal Sikkens
Traduction : Annie Evearts

Références photographiques : Couverture : photo shutterstock. com/ PCHT. Arrière-plan : shutterstock.com/ Dreamz-designers. Page titre : ©istock.com/ PCHT. P. 3 : ©istock.com/hot8030. P. 4-5 : ©shutterstock. com/ Dora Zett et Karta-Ivrea. P. 6-7 : ©shutterstock. com/Jagodka et Mikhasik. P. 8-9 : ©istock.com/Michael Sobl. P. 10 : ©shutterstock.com/Goran Bogicevic et p. 11 : ©shutterstock. com/dimid_86. P. 12-13 : ©istock.com/Prostock-Studio. P. 14-15 : ©shutterstock.com/Colleen Johansen. P. 16-17 : ©istock.com/ fotojagodka et Baramyou0708. P. 18-19 : ©shutterstock. com/Velimir Zeland. P. 20-21 : ©shutterstock.com/anetapics et hedgehog94. P. 22, bas : © istock/ Rita Petcu. P. 23, centre : © istock/ dimarik